# Anatomia do Estado

Murray N. Rothbard

# Anatomia do Estado

Prefácio à 2ª edição de
**Adriano de C. Paranaiba**

Nova tradução de
**Paulo Polzonoff**

São Paulo | 2018

LVM

Impresso no Brasil, 2018

Título original: *Anatomy of the State*
Copyright © 2009 by Ludwig von Mises Institute

Os direitos desta edição pertencem ao
Instituto Ludwig von Mises Brasil
Rua Leopoldo Couto de Magalhães Júnior, 1098, Cj. 46
04.542-001. São Paulo, SP, Brasil
Telefax: 55 (11) 3704-3782
contato@mises.org.br · www.mises.org.br

*Editor Responsável* | Alex Catharino
*Tradução* | Paulo Polzonoff
*Revisão da tradução* | João Sette Câmara / BR75
*Revisão ortográfica e gramatical* | Márcio Scansani / Armada
*Preparação de texto* | Alex Catharino
*Revisão final* | Márcio Scansani / Armada
*Produção editorial* | Clarisse Cintra & Silvia Rebello / BR75
*Capa* | Mariangela Ghizellini / LVM
*Projeto gráfico* | Luiza Aché / BR75
*Diagramação e editoração* | Luiza Aché / BR75
*Elaboração do índice remissivo* | Márcio Scansani / Armada
*Pré-impressão e impressão* | BMF Gráfica e Editora

Dados Internacionais de Catalogação na Publicação (CIP)
Angélica Ilacqua CRB-8/7057

| | |
|---|---|
| R754a | Rothbard, Murray N.<br>*Anatomia do Estado*/Murray N. Rothbard; prefácio de Adriano de C. Paranaiba; tradução de Paulo Polzonoff. — 2. ed. – São Paulo: LVM Editora, 2018. 80 p.<br><br>ISBN: 978-85-93751-46-2<br><br>Título original: *Anatomy of the State*<br><br>1. Estado 2. Libertarismo 3. Poder I. Título II. Paranaiba, Adriano de C. III. Polzonoff, Paulo<br>CDD 320.1<br>18-1744 |

Índices para catálogo sistemático:
1. O Estado  320.1

Reservados todos os direitos desta obra. Proibida toda e qualquer reprodução integral desta edição por qualquer meio ou forma, seja eletrônica ou mecânica, fotocópia, gravação ou qualquer outro meio de reprodução sem permissão expressa do editor. A reprodução parcial é permitida, desde que citada a fonte.

# Sumário

7      Nota à 2ª edição brasileira
        Alex Catharino

9      Prefácio à 2ª edição brasileira
        O Detonador do Estado
        Adriano de C. Paranaiba

21     Capítulo 1
        O que o Estado não é

25     Capítulo 2
        O que o Estado é

31     Capítulo 3
        Como o Estado se preserva

45  Capítulo 4
    Como o Estado transcende seus limites

59  Capítulo 5
    O que o Estado teme

63  Capítulo 6
    Como os Estados se relacionam
    uns com os outros

69  Capítulo 7
    A história como uma disputa entre
    o poder do Estado e o poder da sociedade

73  Índice remissivo e onomástico

# Nota à 2ª edição brasileira

Lançado originalmente em inglês, no ano de 1974, com o título *Anatomy of the State* [*Anatomia do Estado*], como terceiro capítulo do livro *Egalitarianism as a Revolt Against Nature and Other Essays* [*Igualitarismo como uma Revolta Contra a Natureza e Outros Ensaios*], o presente trabalho é um dos mais populares escritos do economista e filósofo norte-americano Murray N. Rothbard (1926-1995), um dos principais discípulos do economista austríaco Ludwig von Mises (1881-1973). Acrescentando à tradição misesiana algumas das teses do sociólogo alemão Franz Oppenheimer (1864-1943), em *Der Staat* [*O Estado*] de 1920, do crítico social e educador norte-americano Albert Jay Nock (1870-1945), em *Our Enemy, the State* [*Nosso Inimigo o Estado*] de 1935, e do analista social norte-americano Frank Chodorov (1887-1966), em *The Rise and Fall of Society* [*A Ascensão e a Que-*

*da da Sociedade*] de 1959, o autor desenvolve neste clássico livreto as linhas mestras da crítica libertária individualista ao Estado, que se tornou um dos pilares fundamentais do pensamento anarcocapitalista.

Em língua portuguesa o texto foi publicado originalmente no ano de 2012, pelo Instituto Ludwig von Mises Brasil (IMB), em uma tradução elaborada em Portugal e adaptada para a audiência brasileira. Dando início ao projeto de lançar em português pela LVM Editora as obras completas de Murray N. Rothbard, optamos por uma nova tradução, elaborada por Paulo Polzonoff a partir da edição norte-americana publicada em 2009 pelo Ludwig von Mises Institute. Nesta nova versão de Anatomia do Estado acrescentamos um prefácio exclusivo do professor Adriano de C. Paranaiba.

Não poderíamos deixar de agradecer pelo apoio inestimável que sempre obtivemos do Ludwig von Mises Institute, em Auburn, no Alabama, nos Estados Unidos. Em nome da equipe do IMB e da LVM expressamos aqui a nossa imensa gratidão a todos os membros da instituição norte-americana, dentre as quais destaco os nomes de Llewellyn H. Rockwell Jr., de Jeff Deist, de Joseph T. Salerno e de Judy Thommesen.

**Alex Catharino**
Editor Responsável da LVM Editora

# Prefácio à 2ª edição brasileira
O Detonador do Estado

*Adriano de C. Paranaiba*

Epítetos e alcunhas são apelidos ora com o objetivo de depreciar alguém, ora para tratamentos íntimos. Mas quando falamos de grandes pensadores e figuras históricas, o objetivo é condensar em uma pequena frase ou palavra a definição do legado que foi deixado e que, em muitos casos, são responsáveis por eternizar este. "Alexandre, *o Grande*" (356-323 a.C.) e "Pepino, *o Corcunda*" (769-811) são exemplos, e extremos[1], do que pretendo elucidar.

Outro exemplo, especialmente entre os economistas da Escola Austríaca, Ludwig von Mises (1881-

---

[1] De fato, "*Grande*" e "*Corcunda*" não possuem relação com aparência física: o primeiro foi um grande rei macedônico que tornou-se lendário. O segundo por sua vez, foi encarcerado por conspirar contra seu pai, Carlos Magno (742-814).

1973), quando ainda vivia na Europa, era chamado por seus colegas de "o último cavaleiro do liberalismo", com o objetivo de denegri-lo no período de auge do planejamento central e do socialismo, nas primeiras décadas do século XX. No fim, tal alcunha vai revelar o precioso legado de Mises, aquele que foi responsável por zelar e transmitir para as próximas gerações a chama do liberalismo[2].

Sobre nosso autor, no ano 2000 Justin Raimondo foi responsável por formular a legendária denominação "O Inimigo do Estado" no título da bibliografia que escreveu sobre Murray Newton Rothbard[3] (1926-1995) e, desde então sua figura será sempre associa à alguém que se contrapõe a este que é "*o antigo inimigo da liberdade*"[4], o Estado.

---

[2] A mais importante biografia de Ludwig von Mises será escrita por Jörg Guido Hülsmann em 2007, sob o título *Mises: The Last Knight of Liberalism*, em homenagem à esta alcunha do economista austríaco.

[3] RAIMONDO, Justin. *An Enemy of the State: The Life of Murray N. Rothbard*. Prometheus Books, 2000.

[4] Trecho retirado do prefácio da primeira edição do livro *Egalitarianism as a Revolt Against Nature and Other Essays*, lançado originalmente em 1974. O texto "Anatomia do Estado" é o 3º capítulo dos dezesseis da obra, tendo sido publicado como um livreto separado posteriormente. Ver: ROTHBARD, Murray N. *Egalitarianism as a Revolt Against Nature*. Ed. R. A. Childs, Jr. Washington: Libertarian Review Press, 1974. p. 18.

Prefácio à 2ª edição brasileira

Para Rockwell Jr., fundador e presidente do Mises Institute, Rothbard é *"Irrepreensível"*[5], o legítimo herdeiro de Mises na paixão pela liberdade; Joseph Salerno[6], por sua vez, vê nele o verdadeiro sucessor de Mises no volume e profundidade dos estudos acadêmicos em Escola Austríaca de Economia; David Gordon o declara *"Essencial"*[7] por ter sido *"um estudioso de alcance extraordinário com grandes contribuições para a economia, história, filosofia política e direito"*[8]. Para mim, ele é a soma de tudo isso: um entusiasta das ideias da liberdade e, ao mesmo tempo, um professor de densa produção acadêmica. É comum encontrarmos acadêmicos que, mergulhados em uma profundidade de suas abordagens, acabam se distanciando da didática em explicar os fenômenos que pesquisam; em um outro extremo, os entusiastas, no afã de explicações simples que favorecem o entendimento, revelam seus argumentos um tanto

---

[5] ROCKWELL, Lew. *The Irrepressible Rothbard*. Burlington, CA: The Center for Libertarian Studies, 2000.

[6] Ph.D. em economia pela Rutgers University, Vice-Presidente Acadêmico do Ludwig von Mises Institute, em Auburn, no Alabama, editor da *Quartely Journal of Austrian Economics* e professor de Economia na Pace University, em Nova York.

[7] Acredito que David Gordon faz uma homenagem a Murray Rothbard que, um ano após o falecimento de Ludwig von Mises escreveu o livro O *Essencial von Mises*.

[8] GORDON, David M. *The Essential Rothbard*. Auburn: Ludwig von Mises Institute, 2007.

superficiais e frágeis. Contrariamente, Rothbard consegue, brilhantemente, superar esses dois obstáculos e é capaz de investigar e compreender a economia como ação humana social e ética em seu sentido mais amplo[9] e, apresentar seus argumentos e suas descobertas de forma clara e acessível. Essa habilidade o torna admirável, inconfundível e único.

Sob Rothbard pesam críticas de sua desvinculação à academia e, com isso, acabou sendo marginalizado nas discussões acadêmicas, o que revela-se uma grande injustiça com aquele que foi responsável pelo renascimento moderno da economia austríaca[10]. Acredito que essa negação de Rothbard esteja ligada ao como David Gordon o define:

> Rothbard não foi um intelectual de "torre de marfim", do tipo que se trancava em seu mundo e se interessava apenas por controvérsias acadêmicas. Muito pelo contrário, ele combinou a economia austríaca com uma fervorosa defesa da liberdade individual. Ele desenvolveu uma síntese ímpar que combinou os pensamentos de americanos indivi-

---

[9] WILSON, Clyde. "A Tribute". *Rothbard-Rockwell Report*. Special Memorial Issue. Volume 6, Number 2, 1995.

[10] Para uma compreensão da importância de Murray Rothbard no processo de renascimento da Escola Austríaca, recomendo a leitura de: Salerno, Joseph T. "O Renascimento da Escola Austríaca - À Luz da Economia Austríaca". *MISES: Interdisciplinary Journal of Philosophy, Law and Economics*, 1(1), 135-151.https://doi.org/10.30800/mises.2013.v1.203, acesso em 16/set/2018.

dualistas do século XIX, como Lysander Spooner (1808-1887) e Benjamin Tucker (1854-1939), com a economia austríaca. [...] Ao fazer isso, ele se tornou um gigante do intelectualismo americano[11].

Muitos, com tom matreiro, creditam a fama de Rothbard apenas como o criador do bordão "imposto é roubo" e mentor dos *liberteens*[12] em busca de lacração nas redes sociais. Porém, com apenas 36 anos de idade, escreveu seu *opus magnum Man, Economy, and State* – com suas 1041 páginas – revisada pelo próprio Ludwig von Mises, que acabou descrevendo a obra como uma importante contribuição para a ciência geral da Ação Humana e que todos estudos nesse ramo do conhecimento terão que levar em conta as teorias e críticas expostas[13].

Ademais, será autor de outros mais 25 livros, e centenas de artigos acadêmicos, capítulos de livros, ensaios e artigos de opinião. Fundou importantes periódicos acadêmicos, sendo também o editor res-

---

[11] GORDON, David M. *The Essential Rothbard. Op. cit.*, p. 7-8.

[12] Libertários que pregam a revolução da sociedade nas redes sociais, porém esta revolução precisa ser implantada seguindo um purismo dogmático, método esse que acaba por revelar a infantilidade dos argumentos e propostas defendidas, por isso *"teens"* referindo-os com adolescentes ainda na infância intelectual.

[13] MISES, Ludwig von. *Economic Freedom and Interventionism: An Anthology of Articles and Essays*. Ed. Bettina Bien Greaves. Irvington--on-Hudson: The Foundation for Economic Education, 1990.

ponsável: *Journal of Libertarian Studies*, criado em 1977 e *The Review of Austrian Economics*, em 1987, que em 1997 é continuado com o nome de *Quarterly Journal of Austrian Economics*, este último é atualmente um dos mais importantes veículos de publicação acadêmica da Escola Austríaca de Economia. Também fundou, e editou os Jornais Informativos *Left & Right: A Journal of Libertarian Thought (1965-1968)*, *The Libertarian Forum (1969-1984)* e *Rothbard-Rockwell Report (1990-1998)*.

São 45 anos de publicações[14] que o tornaram no *"defensor e estudioso mais prolífico e ativo das ideias e preocupações que mais vividamente marcam o libertarianismo, reunindo a Escola Austríaca, a ética dos direitos naturais, a política anarquista e um interesse ardente na história"*[15].

Um detalhe importante que merece nossa atenção: Rothbard conseguiu conciliar seu ativismo pelo libertarianismo e manter uma alta produção de artigos, livros e textos sem *Internet*, Google, Redes Sociais, *e-mail*, muito menos celular e fax. Hans-Herman

---

[14] O indexador Google Scholar apresenta 339 artigos de Murray N. Rothbard, com mais de 14 mil citações destas obras. Uma lista completa, com mais de 60 páginas, de sua bibliografia pode ser encontrada em: https://mises-media.s3.amazonaws.com/Rothbard_Bibliography.PDF?file=1&type=document, acesso em 16/set/2018.

[15] DOHERTY, Brian. "Foreword". *In*: GORDON, David. *Strictly Confidential: The Private Volker Fund Memos of Murray N. Rothbard*. Auburn: Mises Institute, 2010.

Prefácio à 2ª edição brasileira

Hoppe confessou que, nos dez anos que conviveu com ele, o equipamento mais moderno que Rothbard usou, até o fim de sua vida, foi uma máquina de datilografar elétrica[16]. Atualmente, mesmo com tanta tecnologia e facilidade de acesso a conteúdos, acho difícil encontrar alguém, na atualidade, tão produtivo quanto ele foi.

Dentre esse mar incontável de páginas escritos por ele, por mais árdua que seja a tarefa de apontar qual obra se destaca, uma indicação para um "olá, prazer em conhecê-lo Rothbard, quem é você?" sem sombra de dúvidas aposto minhas moedas de ouro em Anatomia do Estado. Escrito três anos após *Man, Economy, and State*, ou seja, Rothbard já havia desenhado e detalhado sua perspectiva sobre intervenção estatal[17], o autor consegue apresentar os pontos

---

[16] Relato de Hans-Herman Hoppe durante sua palestra "*Coming of Age with Murray*" em 7 de outubro de 2017 durante a comemoração dos 35 anos do Ludwig von Mises Institute, em Nova York.

[17] *Man, Economy, and State* traz um rico capítulo sobre efeitos do controle e intervenções da economia feitas pelo Estado – Cap. 12 "The Economics of Violent Intervention in the Market", além de dois Apêndices "Government Borrowing" e "Collective Goods and External Benefits: Two Arguments for Government Activity". Rothbard desejava que o último capítulo desse livro fosse "Power and Market" publicado posteriormente em separado. Atualmente, o Ludwig von Mises Institute publica essas duas obras juntas em uma Scholar's Edition. *Power and Market*, lançado em português com o título *Governo e Mercado*, é composto por 7 capítulos com análises pertinentes sobre os tipos de intervenção do Estado, e os danos causados.

principais de sua crítica e as expõe de forma prática e objetiva nesta obra.

O professor Antony Mueller[18] descreve o livro como *"pura dinamite intelectual"*[19], e acredito ser a melhor definição do livro e explico o porquê da feliz metáfora. A dinamite é um composto que revolucionou em dar estabilidade à nitroglicerina e ao mesmo tempo com pouco volume ser suficiente para causar uma grande explosão[20]. É comum em pedreiras que utilizam deste composto que casas a 5 quilômetros possam sofrer rachaduras. Outra característica importante da dinamite é que o processo de reação é uma detonação e não uma deflagração. Detonação é um tipo de combustão supersônica em que a energia é liberada em forma de onda de choque, enquanto na deflagração a energia se propaga com transmissão de calor. *Anatomia do Estado* é exatamente isso: um livro com poucas páginas com alto poder de impacto no leitor.

---

[18] Doutor pela Universidade de Erlangen-Nuremberg, Alemanha, é especialista do Instituto Mises Brasil, Associated Scholar no Ludwig von Mises Institute e Senior Fellow no American Institute for Economics Research (AIER).

[19] MUELLER, Antony. "A Anatomia do Estado". *MISES: Interdisciplinary Journal of Philosophy, Law and Economics*, 1(1), 297-299. https://doi.org/10.30800/mises.2013.v1.239, acesso em 17/set/2018.

[20] As "bananas" de dinamite têm aproximadamente 230 gramas apenas.

## Prefácio à 2ª edição brasileira

Para nós, a cultura da dependência estatal tem alicerces profundos que ao longo dos anos de doutrinação, lentamente, tal qual um grande muro, tijolo após tijolo, se torna uma grande muralha. Não adianta explicar para as pessoas o que está do outro lado – jamais compreenderão o jardim da liberdade que se encontra do outro lado e horizontes de possibilidades que só o liberalismo pode oferecer – essa muralha precisa ser "detonada"! Iniciar o livro apontando o que o Estado não é, implode grande parte dos argumentos em defesa do Estado e é uma grande sacada de Rothbard.

Desta feita, *Anatomia do Estado* é uma obra que agrada leitores de diversos níveis de conhecimento sobre libertarianismo, pois disseca, tal qual uma aula de anatomia, e transforma muralhas em janelas, com a vista mais privilegiada de todas: a liberdade! Que sua leitura possa ser tão prazerosa e reveladora como foi para mim, que construiu uma grande admiração que tenho por Murray N. Rothbard, além de seu bom humor que se deixa transparecer ao ler seus escritos, e porque não dizer também que me influenciou até na forma que componho meu terno, com suas famosas *bow ties*.

Assim, quando a última frase desse livro você ler, que um suspiro de alívio possa dar, e refletir que, mais que irrepreensível, essencial ou inimigo, Rothbard é, sem dúvida, o detona Estado!

# Anatomia do Estado

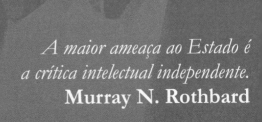

*A maior ameaça ao Estado é a crítica intelectual independente.*
**Murray N. Rothbard**

Capítulo 1
# O que o Estado não é

O Estado é quase que universalmente considerado a instituição do serviço social. Alguns teóricos veneram o Estado como a apoteose da sociedade; outros o consideram uma organização afável, embora geralmente ineficiente, para se alcançar os fins sociais; mas quase todos o consideram um meio necessário de se realizar os objetivos da humanidade, um meio de se revoltar contra o "setor privado" e de geralmente vencer na competição por recursos. Com a ascensão da democracia, a identificação do Estado em relação à sociedade se intensificou, até que fosse comum ouvir expressões que violam praticamente qualquer resquício de razão e senso-comum, tal como "somos o governo". O conveniente pronome coletivo "nós" permitiu que uma camuflagem ideológica se sobrepusesse à realidade da vida política. Se "nós somos o governo", então tudo o que o governo faça ao indivíduo não só é algo justo e não tirânico como também é algo "voluntário" da parte do indivíduo. Se o governo promoveu um enorme déficit público que deve ser pago com a cobrança de impostos sobre um grupo em benefício de outro, esse fardo é amenizado com dizeres como "devemos isso a nós mesmos"; se o governo recruta um homem ou o põe na cadeia por ter uma opinião dissidente, é porque o homem "está fazendo isso a si mesmo" e, portanto, nada de extraordinário ocorreu. De acordo com este raciocínio, quaisquer judeus assassinados pelo governo nazista não foram assassinados; eles devem ter "cometido suicídio", visto que eles eram o governo (que foi democraticamente escolhido) e, portanto, os judeus se voluntariaram ao que quer que o governo tenha feito contra eles. Pode-se dizer que é desnecessário esmiuçar este argumento, mas ainda assim a maioria das pessoas acredita nessa falácia em certa medida.

Devemos, pois, enfatizar que "nós" não somos o governo; o governo não somos "nós". De nenhuma forma o governo "representa" a maioria das pessoas[21]. Mas, mesmo que representasse, mesmo que 70% das pessoas

---

[21] Não podemos, neste capítulo, nos deter nos muitos problemas e falácias da "democracia". Basta dizer aqui que o agente real do indivíduo, seu "representante", está sempre sujeito às ordens deste indivíduo, pode ser demitido a qualquer momento, e não pode ir contra os interesses ou desejos de seu "mandante". O "representante", numa democracia, claramente não pode cumprir tais funções públicas, as únicas em consonância com uma sociedade libertária.

decidissem matar os 30% restantes, ainda assim isso seria assassinato, e não um suicídio voluntário por parte da minoria sacrificada[22]. Não se pode permitir que nenhuma metáfora organicista[23], nenhum clichê do tipo "somos parte uns dos outros", esconda este fato.

Se, então, o Estado não somos "nós", se ele não é "a família humana" se reunindo para resolver problemas comuns, se ele não é uma reunião de uma sociedade secreta ou de convivas num country club, o que é o Estado? Resumidamente, o Estado é aquela organização social que tenta manter o monopólio do uso da força e da violência em determinada área; mais especificamente, é a única organização da sociedade que não arrecada por meio da contribuição ou pagamento voluntário, e sim por meio da coerção. Enquanto outros indivíduos e instituições arrecadam produzindo bens e serviços e graças à venda voluntária e pacífica destes bens e serviços, o Estado arrecada por imposição; isto é, pelo uso ou ameaça da

---

[22] Sociais-democratas geralmente contra-argumentam que a democracia – a escolha dos governantes por uma maioria – logicamente implica no fato de que a maioria precisa reservar certas liberdades às minorias, visto que a minoria pode, um dia, se tornar maioria. A despeito de outros problemas, este argumento obviamente não se aplica a lugares onde a minoria não pode jamais se tornar maioria; por exemplo, quando a minoria é de uma raça ou grupo étnico diferente do da maioria.

[23] Ideário segundo o qual a sociedade é um ente autônomo. (N. T.)

cadeia ou da baioneta[24]. Ao usar a força e a violência para arrecadar dinheiro, o Estado geralmente se põe a regulamentar e determinar as ações de seus súditos. Pensar-se-ia que a simples observação de todos os Estados ao longo da história e no mundo todo bastaria para se provar tal afirmação; mas o miasma mítico paira há tanto tempo sobre a atividade do Estado que é necessário explicar em detalhes.

---

[24] Ver: SCHUMPETER, Joseph A. *Capitalism, Socialism, and Democracy*. New York: Harper and Bros., 1942. p. 198.

> A tensão e o antagonismo entre as esferas pública e privada se intensificaram a princípio pelo fato de que [...] o Estado sobrevivia à base de uma renda produzida pela esfera privada, para fins privados, que teve de ser desviada destes fins por força política. A teoria que compara os impostos às mensalidades de um clube ou à compra dos serviços de um, digamos, médico, só prova o quanto as Ciências Sociais estão distantes dos hábitos científicos da mente.

Ver, também: ROTHBARD, Murray N. "The Fallacy of the 'Public Sector'", *New Individualist Review*, Volume 1, Number 2 (Summer 1961): 3-7.

Capítulo 2
# O que o Estado é

O homem nasce nu e precisa usar sua inteligência para aprender a usar os recursos naturais disponíveis e para transformá-los (por exemplo, investindo em "capital") em formas e lugares em que os recursos podem ser usados para satisfazer seus desejos e para melhorar seu padrão de vida. A única forma de o homem fazer isso é usando sua inteligência e energia para transformar os recursos ("produção") e para trocar estes produtos por produtos criados por outros. O homem descobriu que, por meio do processo de trocas voluntárias e mútuas, a produtividade e, assim, o padrão de vida de todos os participantes nas trocas, podia aumentar enormemente. O único caminho "natural" para a sobrevivência e riqueza do homem, pois, é usar sua inteligência e energia a fim de se envolver no processo de produção e troca. Ele faz isso encontrando recursos naturais e transformando-os – "acrescentando seu trabalho a eles", como diz John Locke (1632-1704) –, fazendo deles sua propriedade individual e depois trocando esta propriedade por propriedades semelhantes de outros. O caminho social determinado pelas necessidades naturais do homem é o caminho dos "direitos de propriedade" e do "livre mercado" de se doar ou trocar tais direitos. Trilhando este caminho, os homens aprenderam a evitar os métodos "selvagens" de lutar por recursos escassos, de acordo com os quais A só pode adquiri-los à custa de B, e aprenderam a multiplicar imensamente estes recursos de produção e trocas pacíficas e harmoniosas.

O grande sociólogo alemão Franz Oppenheimer (1864-1943) disse haver duas formas mutualmente excludentes de enriquecer; uma é o caminho descrito anteriormente, de produção e trocas, que ele chamou de "meios econômicos". A outra forma é mais simples, visto que não requer produtividade; é o caminho da tomada dos bens e serviços alheios pelo uso da força e da violência. Este é o método do confisco unilateral, do roubo da propriedade alheia. É o método que Oppenheimer chamou de "meios políticos" de gerar riqueza. Deveria ficar claro que o uso pacífico da razão e da energia na produção é o caminho "natural" para os homens: o caminho de sua sobrevivência e prosperidade na Terra. Deveria ficar igualmente claro que os meios de coerção e exploração vão contra a lei natural; este é o caminho parasitário que, em vez de acrescentar à produção, subtrai dela. Os "meios políticos" canalizam a produção para um indivíduo ou grupo destrutivo e parasitário; e essa canalização não só tira dos vários produtores como também diminui o incentivo para que o produtor produza além de sua subsistência. No longo prazo, o ladrão destrói sua própria subsistência diminuindo ou eliminando a fonte do seu sustento. Mas não só isso; no curto prazo, o predador age contrariamente à sua real natureza como homem.

Agora estamos prontos para responder de forma mais completa à questão: o que é o Estado? O Estado, nas palavras de Oppenheimer, é a *"organização dos meios políticos"*; é a sistematização do processo predatório em determinado território[25]. O crime, na melhor das hipóteses, é esporádico e incerto; o parasitismo é

---

[25] OPPENHEIMER, Franz. *The State*. New York: Vanguard Press, 1926. p. 24-27:

> Há dois meios fundamentalmente opostos de acordo com os quais os homens, precisando sobreviver, são levados a obter os meios necessários para satisfazer seus desejos. Estes meios são o trabalho e o roubo, o esforço próprio e a apropriação à força do esforço alheio. [...] Proponho na discussão a seguir chamar o esforço próprio e a troca equivalente do esforço próprio pelo trabalho alheio de "meios econômicos" de satisfação das necessidades, enquanto a apropriação indevida do trabalho dos outros será chamada de "meios políticos" [...]. O Estado é uma organização dos meios políticos. Portanto, nenhum Estado pode existir até que os meios econômicos tenham criado certa quantidade de bens para a satisfação das necessidades, bens estes que podem ser usurpados ou roubados por meio da violência.

efêmero, e a tábua de salvação parasitária e coerciva pode afundar a qualquer momento pela resistência das vítimas. O Estado é um canal legal, ordeiro e sistemático para a predação da propriedade privada; ele transforma a tábua de salvação da casta parasitária da sociedade em algo certo, seguro e "pacífico"[26]. Como a produção sempre deve ser anterior à predação, o livre mercado é anterior ao Estado. O Estado nunca foi criado por um "contrato social"; ele sempre nasceu da conquista e da exploração. O paradigma clássico é o da tribo conquistadora dando um tempo em seu antigo método de saquear e matar as tribos conquistadas para perceber que a duração da pilhagem seria maior e mais segura, e a situação, mais agradável, se a tribo conquistada pudesse viver e produzir, com os conquistadores convivendo com os conquistados como governantes impondo um imposto anual fixo[27]. Um método de ilus-

---

[26] Albert Jay Nock (1870-1945) escreveu entusiasmadamente que:[...] o Estado reivindica e exerce o monopólio do crime. [...] Ele proíbe o assassinato privado, mas organiza assassinatos numa escala colossal. Ele pune o roubo privado, mas se lança sobre tudo o que deseja, seja a propriedade do cidadão ou de um estrangeiro. Ver: NOCK, Albert Jay. *On Doing the Right Thing, and Other Essays*. New York: Harper and Bros., 1929, p. 143. Citado em: SCHWARTZMAN, Jack. "Albert Jay Nock – A Superfluous Man". *Faith and Freedom* (December 1953), p. 11.

[27] OPPENHEIMER, Franz. *The State. Op. cit.*, p. 15:

O que, então, é o Estado num conceito sociológico? O Estado, em sua gênese [...] é uma instituição social imposta por um grupo vitorioso de homens a um grupo derrotado,

trar o nascimento do Estado é o seguinte: imagine que, nas colinas do sul da "Ruritânia", um grupo de bandidos consegue controlar o território, até que o chefe do bando se autoproclama "Rei do território soberano e independente da Ruritânia do Sul"; e, se ele e seus homens têm força para manter este governo por um tempo, eis que um novo Estado se junta à "família das nações", e o ex-líderes dos bandidos se transformam na nova nobreza legítima do reino.

---

com o único objetivo de regulamentar o domínio do grupo vitorioso sobre o grupo derrotado e de se garantir contra a revolta no interior de seu território e também de ataques estrangeiros. Teleologicamente, este domínio não tem outro objetivo que não o da exploração econômica dos derrotados pelos vencedores.

Bertrand de Jouvenel (1903-1987) escreveu que: *"o Estado é, em essência, o resultado de sucessos obtidos por bandoleiros que impõe sua vontade sobre sociedades menores distintas"*. Ver: JOUVENEL, Bertrand de. *On Power*. New York: Viking Press, 1949. p. 100-01.

## Capítulo 3
# Como o Estado se preserva

Depois que o Estado se estabeleceu, o problema do grupo dominante, ou "casta", é como manter o seu domínio[28]. Apesar de a força ser o modus operandi, o problema básico e de longo prazo do grupo é ideológico. A fim de continuar no comando, qualquer governo (não apenas um governo "democrático") tem de contar com o apoio da maioria de seus súditos. Este apoio, deve-se notar, não precisa ser demonstrado com um entusiasmo ativo; pode muito bem ser uma resig-

---

[28] Sobre a distinção fundamental entre "casta", um grupo de privilegiados que recebe encargos coercivamente obtidos ou impostos pelo Estado, e o conceito marxista de "classe" na sociedade, ver: MISES, Ludwig von *Theory and History*. New Haven: Yale University Press, 1957. p. 112 *et seq.* [Ver, também: MISES, Ludwig von. "O Conflito de Interesses entre Diferentes Grupos Sociais". *In*: *O Conflito de Interesses e Outros Ensaios*. Prefs. Adriano Gianturco e Murray N. Rothbard; intr. Hans-Hermann Hoppe; posf. Claudio A. Téllez-Zepeda; trad. Marisa Motta. São Paulo: LVM, 2017. 63-87. (N. E.)]

nação passiva, como se diante de uma inevitável lei da natureza. Mas tem de ser uma sensação de aceitação de algum tipo; de outro modo, a minoria de governantes acabaria vencida pela resistência ativa da maioria. Como a ação predatória deve ser mantida graças ao excedente de produção, é necessário que a classe que compõe o Estado – a burocracia (e nobreza) em tempo integral – seja minoria no território, embora ela possa, claro, fazer aliados entre os grupos importantes da população. Portanto, a principal função dos governantes é sempre garantir a aceitação ativa ou resignada da maioria dos cidadãos[29, 30].

É claro que um método de garantir este apoio é por meio da criação de interesses econômicos ocultos. O Rei sozinho, portanto, não consegue governar; ele deve ter uma quantidade considerável de segui-

---

[29] Claro que tal aceitação não quer dizer que o domínio do Estado tenha se tornado "voluntário", visto que, mesmo que o apoio da maioria seja ativo e entusiasmado, este apoio não é unânime.

[30] O fato de que todo governo, não importa o quão "ditatorial" em relação aos indivíduos, deve garantir este apoio foi demonstrado por teóricos políticos como Étienne de la Boétie (1530-1563), David Hume (1711-1776) e Ludwig von Mises (1881-1973). Assim, ver: HUME, David. "Of the First Principles of Government". *In: Essays, Literary, Moral and Political*. London: Ward, Locke, and Taylor, [S.D.]. p. 23; LA BOÉTIE, Étienne de. *Anti-Dictator*. New York: Columbia University Press, 1942. p. 8-9; MISES, Ludwig von. *Human Action*. Auburn: Ludwig von Mises Institute, 1998. p. 188 *et seq*. Para ler mais sobre a contribuição de La Boétie à análise do Estado, ver: JASZI, Oscar & LEWIS, John D. *Against the Tyrant*. Glencoe: The Free Press, 1957. p. 55-57.

dores que correspondam aos pré-requisitos do domínio, como, por exemplo, os membros do aparato estatal, tais como a burocracia em tempo integral ou a nobreza estabelecida[31]. Mas isso só garante uma minoria de defensores ávidos, e mesmo a compra de apoio por meio de subsídios e outros privilégios não é capaz de obter o consenso da maioria. Para conseguir essa aceitação essencial, a maioria deve ser convencida, por meio da ideologia, de que seu domínio é bom, sábio, ou, ao menos, inevitável, e com certeza melhor do que as alternativas. Promover essa ideologia entre o povo é a função fundamental dos "intelectuais", porque as massas não geram suas próprias ideias nem refletem sobre tais ideias independentemente; elas seguem passivamente as ideias adotadas e disseminadas pelo corpo de intelectuais. Os intelectuais são, portanto, os "formadores de opinião" da sociedade. E como é justamente disso que o Estado mais precisa, a base para a antiquíssima aliança entre Estado e intelectuais fica mais clara.

É evidente que o Estado precisa dos intelectuais; nem tão evidente assim é o fato de os intelectuais precisarem do Estado. Em resumo, podemos dizer que o

---

[31] LA BOÉTIE, Étienne de. *Anti-Dictator. Op. cit.* p. 43-44:

> Sempre que um governante se torna ditador [...] todos os que se deixam corromper pela ambição e a avareza se reúnem em torno dele a fim de garantir sua parte do espólio e para se transformar em chefes menores sob o governo do tirano.

sustento do intelectual no livre mercado nunca é muito seguro, porque o intelectual depende dos valores e escolhas das massas, e uma característica das massas é justamente que elas geralmente não se interessam muito por questões intelectuais. O Estado, por outro lado, está disposto a oferecer aos intelectuais um trabalho seguro e permanente no aparato estatal, isto é, uma renda segura e a impressão de prestígio. Assim, os intelectuais serão muito bem recompensados pela importante função que desempenham para as autoridades do Estado, grupo do qual eles agora fazem parte[32].

A aliança entre Estado e intelectuais foi simbolizada pelo desejo dos professores da Universidade de Berlim, no século XIX, de formar o "corpo de guarda-costas intelectuais da Casa de Hohenzoller". Nos dias de hoje, deixe-me destacar o revelador comentário de um importante estudioso marxista sobre o fundamental estudo do professor Karl A. Wittfogel (1896-1988) sobre o despotismo no Oriente Antigo: *"A civilização que o professor Wittfogel tanto ataca foi a que possibilitou*

---

[32] Isso não quer dizer que todos os intelectuais sejam aliados do Estado. Sobre os aspectos da aliança entre intelectuais e Estado, ver: JOUVENEL, Bertrand de. "The Attitude of the Intellectuals to the Market Society". *The Owl* (January 1951): 19-27; Idem. "The Treatment of Capitalism by Continental Intellectuals". *In*: HAYEK, F. A. (Org.). *Capitalism and the Historians*. Chicago: University of Chicago Press, 1954. p. 93-123 [reeditado em: HUSZAR, George B. de. *The Intellectuals*. Glencoe: The Free Press, 1960. p. 385-399]; SCHUMPETER, Joseph. *Imperialism and Social Classes*. New York: Meridian Books, 1975. p. 143-55.

*que poetas e eruditos se tornassem autoridades"*[33]. Entre inúmeros exemplos, podemos mencionar a recente criação da "ciência" da estratégia a serviço do principal braço armado do governo, as Forças Armadas[34]. Outra instituição venerável é a do historiador oficial ou "da corte", dedicado a consagrar entre os súditos as opiniões do governante ou as ações de seus antecessores[35].

---

[33] NEEDHAM, Joseph. "Review of Karl A. Wittfogel, *Oriental Despotism*". *Science and Society* (1958). p. 65. Joseph Needham (1900-1995) também escreve que *"os sucessivos imperadores* [chineses] *contavam, em todas as épocas, com a companhia de estudiosos profundamente humanos e desinteressados"* (p. 61). Wittfogel destaca a doutrina confucionista que diz que a glória da classe dominante está em seus burocratas-estudiosos destinados a ser governantes profissionais falando às massas da população. Ver: WITTFOGEL, Karl A. *Oriental Despotism*. New Haven: Yale University Press, 1957. p. 320-21 *passim*. Para um comportamento oposto ao de Needham, ver: LUKACS, John. "Intellectual Class or Intellectual Profession?". *In*: HUSZAR, George B. de. *The Intellectuals*. *Op. cit.*, p. 521-22.

[34] RIBS, Jeanne. "The War Plotters". *Liberation* (August 1961). p. 13: *"Estrategistas insistem que seu trabalho merece a 'dignidade da contraparte acadêmica da profissão militar'"*. Ver, também: RASKIN, Marcus. "The Megadeath Intellectuals". *New York Review of Books* (November 14, 1963). p. 6-7.

[35] Por isso o historiador Conyers Read (1881-1959), em seu discurso presidencial, defendeu a repressão ao fato histórico a serviço dos valores nacionais e *"democráticos"*. Read disse que *"a guerra total, quente ou fria, convoca a todos e chama todos a exercerem seu papel. O historiador não está mais livre de responsabilidades do que o cientista"*. READ, Conyers. "The Social Responsibilities of the Historian". *American Historical Review* (1951). p. 283 *et seq*. Para uma crítica a Read e outros aspectos da história oficial, ver: BEALE, Howard K. "The Professional Historian: His Theory and Practice".

Os argumentos com os quais o Estado e seus intelectuais levaram os súditos a apoiar seu domínio são muitos e variados. Basicamente, os ramos de argumentação podem ser resumidos da seguinte forma: a) os governantes do Estado são grandes homens sábios (eles governam "de acordo com o direito divino", são a "aristocracia", são os "especialistas"), maiores e mais sábios do que os bons e simples súditos; e b) o domínio do governo é inevitável, absolutamente necessário, e muito melhor do que os males indescritíveis que se seguiriam à sua queda. A união entre Igreja e Estado foi um dos mais antigos e bem-sucedidos entre estes artifícios ideológicos. O governante ou era um ungido por Deus ou, no caso do governo absolutista de muitos despotismos orientais, era o próprio deus; assim, qualquer resistência ao domínio dele seria considerada uma blasfêmia. O corpo religioso estatal realizava a função intelectual básica de obter apoio popular ou até mesmo promover a adoração religiosa dos governantes[36].

---

*The Pacific Historical Review* (August 1953), p. 227-255. Ver, também: BUTTERFIELD, Herbert. "Official History: Its Pitfalls and Criteria". In: *History and Human Relations*. New York: Macmillan, 1952. p. 182-224; BARNES, Harry Elmer. *The Court Historians Versus Revisionism*. Published by the author, 1952. p. 2 *et seq*.

[36] Ver: WITTFOGEL, Karl A. *Oriental Despotism. Op. cit.*, p. 87-100. Sobre os papéis opostos da religião em relação ao Estado na China e Japão antigos, ver: JACOBS, Norman. *The Origin of Modern Capitalism and Eastern Asia*. Hong Kong: Hong Kong University Press, 1958. p. 161-94.

Outro artifício bem-sucedido foi infundir o medo de quaisquer alternativas de governo ou não governo. Os governantes atuais, dizia-se, dão aos cidadãos o trabalho essencial pelo qual as pessoas deveriam lhes ser gratas: proteção contra criminosos esporádicos e saqueadores. Porque o Estado, a fim de preservar seu monopólio da predação, realmente cuida para que o crime privado e não sistemático se mantenha em um nível mínimo; o Estado sempre cuidou bem de sua própria preservação. Nos últimos séculos, o Estado foi especialmente bem-sucedido em incutir o medo em relação a outros governantes. Como o território do planeta foi dividido entre Estados específicos, uma das doutrinas básicas do Estado era se identificar com o território governado. Como a maioria dos homens tende a amar sua terra, a identificação da terra e do homem com o Estado era um meio de fazer com que o patriotismo natural funcionasse em benefício do Estado. Se a "Ruritânia" estava sendo atacada pela "Waldávia", a primeira função do Estado e seus intelectuais era convencer as pessoas da Ruritânia de que o ataque era contra elas, e não apenas contra a casta dominante. Desta forma, a guerra entre governantes se transformava numa guerra entre povos, com cada um dos povos saindo em defesa de seus governantes, na crença equivocada de que os governantes estavam defendendo os povos. O artifício do "nacionalismo" só foi bem-sucedido, na Civilização Ocidental, nos séculos mais recentes; não faz muito tempo que as massas de súditos consideravam as guerras batalhas irrelevantes entre grupos de nobres.

As armas ideológicas que o Estado usou ao longo dos séculos foram muitas e sutis. Uma arma excelente é a tradição. Quanto mais o governante de um Estado consegue se manter no poder, mais poderosa é esta arma; neste caso, a Dinastia X ou o Estado Y tem o peso aparente de séculos de tradição por trás de si[37]. A adoração a um ancestral, então, se transforma num meio nem tão sutil assim de se adorar os antigos governantes. A maior ameaça ao Estado é a crítica intelectual independente; não há forma melhor de conter esta crítica do que acusar qualquer voz isolada, qualquer pessoa que levante dúvidas, de ser alguém que viola a sabedoria de seus ancestrais. Outra importante força ideológica é desprezar o indivíduo e exaltar a coletividade. Visto que qualquer

---

[37] JOUVENEL, Bertrand de. *On Power*. *Op. cit.*, p. 22:

> O principal motivo para a obediência é quando ela se torna um hábito. [...] O poder é, para nós, um fato da natureza. Desde os primórdios da História, o poder sempre comandou o destino da humanidade [...] as autoridades que governaram [as sociedades] antigamente não desapareceram sem legar a seus sucessores os privilégios nem sem deixar marcas de efeito cumulativo nas mentes dos homens. A sucessão de governos que, ao longo de séculos, governa a mesma sociedade pode ser vista como um governo fundamental que acumula acréscimos contínuos.

governo implica aceitação pela maioria, qualquer ameaça ideológica a este governo só pode nascer de um ou uns poucos indivíduos que pensam de forma independente. A nova ideia, muito menos do que a nova crítica, tem de começar como a opinião de uma minoria; portanto, o Estado tem de podar a opinião quando ela ainda é incipiente, ridicularizando qualquer ideia que desafie a opinião das massas. Assim, conselhos como "ouça seus confrades" ou "ajuste-se à sociedade" se tornam armas ideológicas para destruir o indivíduo dissidente[38]. Com tais medidas, as massas jamais saberão que o rei está nu[39]. Também é importante que o Estado faça parecer que seu domínio é inevitável; mesmo que o reinado seja rejeitado, ele se deparará com uma resignação passiva; prova disso é a conhecida dupla "morte e impostos". Um método é criar a ideia de um determinismo historio-

---

[38] Sobre a utilização da religião na China, ver: JACOBS, Norman. *The Origin of Modern Capitalism and Eastern Asia. Op. cit.*

[39] MENCKEN, H. L. *A Mencken Chrestomathy*. New York: Knopf, 1949. p. 145:

> Todos [os governos] veem numa ideia original seu potencial de mudança e, portanto, uma violação às suas prerrogativas. O homem mais perigoso para qualquer governo é o homem capaz de pensar por si mesmo, sem se apegar a superstições e tabus. Quase que inevitavelmente este homem chega à conclusão de que o governo sob o qual ele vive é desonesto, louco e intolerável e, assim, se ele é um romântico, tenta mudar o governo. E, mesmo que não seja um romântico, ele está apto a disseminar o descontentamento entre os que são.

gráfico, em contraposição à liberdade individual. Se a Dinastia X nos governa, é porque as Inexoráveis Leis Históricas (ou a Vontade Divina, ou o Absoluto, ou as Forças Produtivas) assim determinaram, e não há nada que o indivíduo possa fazer para mudar o inevitável. Também é importante que o Estado sugira a seus súditos uma aversão a qualquer "teoria conspiratória da história", visto que uma pesquisa por "conspirações" significa a busca por motivos e a atribuição de responsabilidade por equívocos históricos. Se, contudo, qualquer tirania, venalidade ou guerra impostas pelo Estado não foram causadas pelos governantes, e sim por misteriosas e antigas "forças sociais", ou pela imperfeição do mundo, ou se, de alguma forma, todos foram responsáveis ("Somos todos assassinos", diz um slogan), então não há sentido na indignação das pessoas ou na revolta delas contra tais desmandos. Além disso, um ataque às "teorias da conspiração" significa que os súditos podem ser convencidos a acreditar no "bem-estar geral" sempre mencionado pelo Estado a fim de que ele se envolva em suas ações despóticas. Uma "teoria da conspiração" pode abalar o sistema ao fazer com que o povo duvide da propaganda ideológica estatal.

Outro método conhecido de sujeitar o povo à vontade do Estado é apelar para a culpa. Qualquer aumento no bem-estar privado pode ser considerado "ambição desmedida", "materialismo" ou "excesso de riqueza";

os lucros podem ser atacados como "exploração" e "usura"; trocas mutuamente benéficas podem ser chamadas de "egoísmo", de alguma forma sempre com a conclusão de que mais recursos deveriam ser canalizados do setor privado para o público. A culpa prepara o povo para fazer justamente isso, visto que, apesar de indivíduos se darem ao luxo da "ambição egoísta", a incapacidade dos governantes de se envolver em trocas supostamente significa que eles se dedicam a causas mais elevadas ou nobres – e o parasitismo predatório se torna aparentemente moral e esteticamente sublime em comparação ao trabalho produtivo e pacífico.

Na era atual, mais secular, o direito divino do Estado foi substituído pela invocação de um novo deus, a Ciência. O domínio estatal agora é considerado ultracientífico por ser planejado por especialistas. Mas, apesar de a "razão" ser evocada com mais frequência do que nos séculos anteriores, esta não é a razão do indivíduo ou o exercício de seu livre-arbítrio; trata-se de uma razão ainda determinista e coletivista, que ainda implica aglomeração holística e manipulação coerciva de súditos passivos.

A utilização cada vez maior do jargão científico permite aos intelectuais fazer uma apologia obscurantista ao Estado, apologia esta que seria recebida tão-somente com zombaria pelo populacho de tempos mais simplórios. Um ladrão que justifica seu roubo dizendo que na verdade ajudou suas vítimas, que seus gastos estimularam o comércio, encontraria poucos seguidores; mas quando esta teoria é encoberta por equações keynesianas e referências impressionantes ao "efeito multiplicador", ela infelizmente expressa mais convicção. E assim o ataque ao senso-comum avança, cada época a seu modo.

Como o apoio ideológico é essencial ao Estado, ele deve cada vez mais tentar impressionar o povo com sua "legitimidade" e diferenciar suas atividades das de meros bandoleiros. A determinação inabalável de seus ataques ao senso-comum não é acidental, como H. L. Mencken (1880-1956) vividamente afirmou:

> O homem médio, sejam quais forem seus erros, ao menos vê claramente que o governo é algo que existe para além dele e de seus companheiros – o governo é um poder hostil, independente, separado, só parcialmente sob seu controle e capaz de prejudicá-lo imensamente. Dá para ignorar que o roubo ao governo é considerado, em todos os lugares, um crime menor do que roubar um indivíduo ou até mesmo uma empresa? [...] O que há por trás de tudo isso, acredito, é um profundo senso do antagonismo fundamental entre o governo e o povo que ele controla. Ele é visto não como um comitê de cidadãos escolhidos para levar a cabo interesses comuns da população como um todo, e sim como uma corporação distinta e autônoma, dedicada sobretudo a explorar a população em benefício de seus membros. [...] Quando um cidadão

é roubado, um homem digno é privado dos frutos de seu trabalho e economias; quando o governo é roubado, o pior que lhe acontece é que certos vagabundos e desocupados têm menos dinheiro para brincar do que antes. Nem se cogita a ideia de que eles mereceram aquele dinheiro; para a maioria dos homens sensatos, isso seria ridículo[40].

---

[40] Idem. *Ibidem.*, p. 146-47.

Capítulo 4
# Como o Estado transcende seus limites

Como Bertrand de Jouvenel (1903-1987) sabiamente disse, ao longo dos séculos os homens formaram conceitos criados para fiscalizar e limitar o exercício do domínio do Estado; e, um após o outro, o Estado, usando seus aliados intelectuais, conseguiu transformar estes conceitos em carimbos intelectuais de legitimidade e virtude a estampar seus decretos e ações. Originalmente, na Europa Ocidental, o conceito de soberania divina dizia que os reis deveriam governar de acordo com a lei divina; os reis transformaram o conceito num carimbo de aprovação divina para todas as ações da realeza. O conceito de democracia parlamentar nasceu como uma fiscalização popular do governo monárquico absoluto; mas o Parlamento acabou se tornando parte fundamental do Estado, com seus atos considerados totalmente soberano. De Jouvenel conclui:

> Muitos teóricos da soberania exploraram ao menos um [...] destes artifícios restritivos. Mas, por fim, todas estas teorias, cedo ou tarde, perderam o objetivo original, funcionando apenas como impulsionadoras do poder, legando a ele a ajuda invisível e importante da soberania com a qual o governo podia, no tempo certo, se identificar[41].

O mesmo se aplica a doutrinas mais específicas: os "direitos naturais" do indivíduo, santificados em John Locke e na Declaração de Direitos, se transformou no "direito a um emprego" estatista; o utilitarismo se transformou de argumentos pela liberdade em argumentos contra a resistência à invasão estatal às liberdades etc.

Com certeza a tentativa mais ambiciosa de impor limites ao Estado foi a Declaração de Direitos de 1689 e outras partes mais restritivas da Constituição americana, na qual os limites expressos ao governo se tornaram leis fundamentais a serem interpretadas por um Judiciário supostamente independente dos demais poderes. Todos os americanos conhecem o processo pelo qual os limites constitucionais ao governo foram inexoravelmente ampliados no último século. Mas poucos foram tão hábeis quanto o professor Charles Black (1915-2001) em

---

[41] JOUVENEL, Bertrand de. *On Power. Op. cit.*, p. 27 *et seq.*

ver que o Estado, neste processo, transformou a própria análise judicia, antes um instrumento limitador, em outro artifício para dar legitimidade ideológica às ações do governo. Porque, se uma sentença judicial diz que algo é "inconstitucional" e isso significa um controle firme do poder governamental, então está implícito ou explícito que um veredito de "constitucional" funciona como uma arma capaz de infundir no público a aceitação a um poder governamental cada vez maior.

O professor Black começa sua análise identificando a necessidade crucial de "legitimidade" para que qualquer governo se sustente. Essa legitimidade significa a aceitação básica pela maioria do governo e suas ações[42]. A aceitação da legitimidade se torna um problema maior num país como os Estados Unidos, onde "limites importantes foram incluídos na teoria sobre a qual se baseia o governo"[43]. O necessário, acrescenta Black, é um meio de o governo garantir ao povo que seus poderes cada vez maiores são, na verdade, "constitucionais". E isso, conclui ele, tem sido a maior função histórica da análise jurídica.

Deixemos que Black ilustre o problema:

> O risco supremo [para o governo] é o desgosto e uma sensação de revolta disseminada pela população, e a perda de autoridade moral pelo governo

---

[42] BLACK, JR., Charles L. *The People and the Court*. New York: Macmillan, 1960. p. 35 *et seq*.

[43] Idem. *Ibidem*.

> como tal, por mais que isso seja contido por força ou inércia, ou pela falta de uma alternativa interessante ou imediatamente disponível. Quase todos os que vivem sob um governo de poderes limitados devem, cedo ou tarde, estar sujeitos a alguma ação governamental que, em privado, eles consideram algo alheio ao poder do governo ou definitivamente proibido ao governo. Um homem é recrutado, apesar de não encontrar nada na Constituição sobre recrutamento. [...] Dizem a um agricultor quanto trigo ele pode produzir; ele acredita, e descobre que alguns advogados respeitáveis acreditam também que o governo não tem o direito de lhe dizer quanto trigo ele pode plantar, assim como ele não pode dizer à filha com quem ela deve se casar. Um homem é enviado para uma penitenciária federal por dizer o que quer, e ele anda de um lado para o outro em sua cela, recitando [...] "O Congresso não fará leis restringindo a liberdade de expressão". (...) Dizem a um empresário o quanto ele pode cobrar, ou deve cobrar, pela manteiga[44].

O perigo é tão real que estas pessoas (e quem não faz parte deste grupo?) confrontarão o conceito do limite governamental com a realidade (como elas a veem) do flagrante abuso destes limites, e chegarão à

---

[44] Idem. *Ibidem*.

conclusão óbvia quanto à posição de seus governos em relação à legitimidade[45].

Evita-se este perigo com o Estado postulando a doutrina de que um órgão deve ter a última palavra quanto à constitucionalidade, e este órgão, em última análise, deve fazer parte do governo federal[46]. Porque, apesar de sua aparente independência, o Judiciário federal exerce um papel importante ao transformar as ações do governo em Escritura Sagrada para a maioria das pessoas, também é verdade que o Judiciário faz parte da máquina governamental, sendo nomeado pelos poderes Executivo e Legislativo. Black admite que isso significa que o Estado se organizou como juiz de sua própria causa, violando, assim, o princípio jurídico básico de se buscar decisões justas. Ele nega veementemente a possibilidade de qualquer alternativa[47].

---

[45] Idem. *Ibidem.*, p. 42-43.

[46] Idem. *Ibidem.*, p. 52:

> A principal e mais necessária função da Suprema Corte tem sido a de validação, não a de invalidação. Um governo de poderes limitados precisa, no princípio e sempre, de algum meio de convencer as pessoas de que ele fez todo o possível para restringir os próprios poderes. Essa é a condição de sua legitimidade, e sua legitimidade, em longo prazo, é a condição de sua existência. E a Suprema Corte, ao longo de sua história, age como a legitimação do governo.

[47] Para Black, essa "solução", ainda que paradoxal, é também óbvia: [...] em última instância, o poder do Estado [...] deve terminar no ponto em que a lei o restringe. E quem deve estabelecer o limite e quem deve impor a restrição contra o maior dos poderes? Ora, o

Black acrescenta:

> O problema, pois, é criar um meio governamental de decisão que [com sorte] reduzirá a um mínimo tolerável a intensidade da objeção à ideia de que o governo julga em causa própria. Feito isso, você só pode torcer para que esta objeção, ainda que teoricamente possível [grifo meu], perca sua força a ponto de o trabalho de legitimação da instituição julgadora poder ser aceito[48].

Em última análise, Black considera a justiça e a legitimidade de um Estado eternamente julgando em causa própria *"uma espécie de milagre"*[49].

---

Estado em si, claro, por meio de seus juízes e leis. Quem controla o moderado? Quem ensina o sábio? (Idem. *Ibidem.*, p. 32-33).

E:

No que diz respeito ao poder governamental numa nação soberana, não é possível escolher um árbitro que esteja fora do governo. Todo Estado nacional, desde que seja o governante, deve ter a palavra final sobre seu próprio poder. (Idem. *Ibidem.*, p. 48-49).

[48] Idem. *Ibidem.*, p. 49.

[49] Essa atribuição de milagre ao governo lembra a justificativa supersticiosa e irracional de James Burnham (1905-1987) para o governo:

Na Antiguidade, antes que as ilusões da ciência tivessem corrompido a sabedoria tradicional, os fundadores das cidades eram considerados deuses ou semideuses. [...] A origem e a justificativa para a existência do governo não podem ser expressas em termos completamente racionais [...] por que devo aceitar a hereditariedade ou a democracia ou qualquer outro princípio de legitimidade? Por que um princípio deveria justificar o domínio

Aplicando sua tese ao famoso conflito entre a Suprema Corte e o *New Deal*, o professor Black repreende seus colegas pró-*New Deal* pela incapacidade de denunciar a obstrução jurídica:

> A versão aceita da história do New Deal e da Suprema Corte, apesar de precisa a seu modo, tem outra ênfase. [...] Ela se concentra nas dificuldades e quase se esquece de como a coisa toda foi resolvida. O lado bom da questão foi que [e eis o que gostaria de enfatizar], depois de cerca de 24 meses de hesitação [...] a Suprema Corte, sem qualquer mudança na lei vigente ou, melhor, sem qualquer mudança nas pessoas que a compunham, conferiu o selo de legitimidade ao New Deal e a todo um novo conceito de governo nos Estados Unidos[50].

Desta forma, a Suprema Corte foi capaz de calar os americanos que tinham firmes objeções constitucionais ao *New Deal*:

> Claro que nem todos gostaram. O Charles Stuart do liberalismo constitucional ainda incomoda uns poucos fariseus nas Terras Altas da irrealidade co-

---

de um homem sobre mim? [...] Aceito o princípio porque, bem, porque aceito, porque é e sempre foi assim.

BURNHAM, James. *Congress and the American Tradition*. Chicago: Regnery, 1959. p. 3-8. Mas e se alguém não aceita o princípio? Qual será a "saída", então?

[50] BLACK, JR., Charles L. *The People and the Court. Op. cit.*, p. 64.

lérica. Mas há não há nenhuma dúvida perigosa ou relevante quanto ao poder constitucional do Congresso para lidar com a economia nacional (...).

Não tínhamos outro meio que não a Suprema Corte para conferir legitimidade ao *New Deal*[51].

Como Black reconhece, um importante teórico a perceber – antecipadamente – a lacuna evidente num limite constitucional ao governo por dar o poder de decisão final à Suprema Corte foi John C. Calhoun (1782-1850). Calhoun não estava feliz com o "milagre"; ao contrário, ele se pôs a analisar profundamente o problema constitucional. Em sua obra *A Disquisition on Government* [*Uma Disputa sobre o Governo*], lançada postumamente em 1851, Calhoun demonstrou a tendência inerente do Estado de romper os limites de uma constituição:

> Uma constituição escrita certamente tem muitas vantagens, mas é um enorme erro pressupor que a mera criação de leis para restringir e limitar os poderes de um governo, sem dar aos protegidos meios de reforçar a fiscalização [grifo meu], será o bastante para evitar que o grupo maior e dominante abuse de seus poderes. Como partido que detém o governo, eles serão, de acordo com a mesma constituição que torna o governo necessário para proteger a sociedade, a favor dos poderes cedidos pela constituição e se oporão às restrições que pre-

---

[51] Idem. *Ibidem.*, p. 65.

tendam limitá-los [...]. O grupo menor e mais fraco, ao contrário, seguirá em direção oposta, e as considerará [as restrições] algo fundamental para a proteção dele contra o grupo dominante [...]. Mas quando não há forma de obrigar o grupo maior a observar as restrições, o único recurso que lhes restaria seria uma interpretação estrita da constituição [...]. Contra isso, o grupo maior proporia uma interpretação liberal [...]. Seria interpretação contra interpretação – uma para encolher e outra para aumentar os poderes do governo ao máximo. Para que serviria a interpretação estrita do grupo menor contra a interpretação mais liberal quando um dos grupos teria todo o poder do governo para levar sua interpretação a cabo, enquanto o outro grupo seria privado de todas as formas da possibilidade de aplicar sua interpretação? Num conflito tão desigual, o resultado seria óbvio. O grupo a favor das restrições seria derrotado [...]. O fim do conflito seria a subversão da constituição [...] as restrições acabariam anuladas, e o governo seria convertido num Estado com poderes ilimitados[52].

Um dos poucos cientistas políticos a admirar a análise de Calhoun da Constituição foi o professor

---

[52] CALHOUN, John C. *A Disquisition on Government*. New York: Liberal Arts Press, 1953. p. 25-27. Ver, também: ROTHBARD, Murray N. "Conservatism and Freedom: A Libertarian Comment". *Modern Age*, Volume 5, Number 2 (Spring 1961): 217-220, Esp. p. 219.

James Allen Smith (1860-1926). Smith notou que a Constituição foi criada com mecanismos de controle para limitar todo e qualquer poder governamental e, apesar disso, criou a Suprema Corte com o monopólio do poder de decisão. Se o Governo Federal foi criado para fiscalizar invasões à liberdade individual por parte dos estados, quem fiscaliza o poder federal? Smith sustentava que, na ideia de mecanismos de controle da Constituição, estava implícita a ideia concomitante de que nenhum dos poderes poderia conceder a outro o poder da decisão final: "As pessoas pressupunham que o novo governo não poderia determinar os limites de sua própria autoridade, uma vez que isso tornaria o governo, e não a Constituição, supremo"[53].

A solução defendida por Calhoun (e endossada, neste século, por escritores como Smith) era, claro, a famosa doutrina da "maioria concorrente". Se uma minoria

---

[53] SMITH, J. Allen. *The Growth and Decadence of Constitutional Government*. New York: Henry Holt, 1930. p. 88. Smith acrescentou:

> Era óbvio que, se um artigo da Constituição foi criado para limitar o poder de um órgão governamental, ele poderia ser anulado se sua interpretação e aplicação fossem deixadas para as autoridades cujo poder o artigo pretendia restringir. Claro que era necessário ter bom senso para perceber que nenhum órgão do governo deveria ser capaz de determinar seus próprios poderes.
>
> Claramente, bom senso e "milagres" são visões bem diferentes de governo. (p. 87)

considerável do país, sobretudo um governo estadual, acreditava que o governo federal estava excedendo seus poderes e oprimindo esta minoria, a minoria teria o direito de vetar este exercício de poder por considerá-lo inconstitucional. Aplicada aos governos estaduais, esta teoria implicaria o direito à "anulação" da lei federal ou do domínio dentro da jurisdição estadual.

Na teoria, o sistema constitucional consequente garantiria que o governo federal fiscalizasse qualquer intromissão estatal nos direitos individuais, enquanto os estados controlariam os excessos do poder federal sobre os indivíduos. Ainda assim, apesar de os limites serem sem dúvida mais eficientes do que os atuais, há muitas dificuldades e problemas na solução de Calhoun. Se, na verdade, um interesse minoritário tivesse o direito de veto sobre questões que o envolvessem, então por que ficar só nos estados? Por que não dar o poder de voto aos condados, cidades, distritos? Além disso, os interesses não são apenas demográficos; eles são também de ocupação, sociais etc. E quanto aos padeiros ou taxistas ou qualquer outra ocupação? Eles não deveriam ter poder sobre suas próprias vidas? Isso nos traz ao importante argumento de que esta teoria da anulação restringe seus mecanismos de controle aos órgãos do próprio governo. Não nos esqueçamos de que os governos estaduais e federal, e suas respectivas ramificações, ainda assim são estados guiados por seus próprios interesses, e não pelos interesses dos cidadãos. O que impediria o sistema de Calhoun de funcionar ao contrário, com os estados tiranizando seus cidadãos e vetando o governo federal somente quando ele tentasse impedir a tirania estadual? Ou que os estados endossassem a tirania federal? O que impediria os governos federal e estaduais de formar alianças mutuamente benéficas pela exploração conjunta dos cidadãos? E, mesmo que grupos profissionais privados tivessem alguma forma de representação "funcional" no governo, o que os impediria de usar o Estado para obter subsídios e outros privilégios para si ou de impor a formação de cartéis para seus próprios membros?

Em resumo, Calhoun não leva sua revolucionária teoria da concorrência ao limite: ele não a aplica ao indivíduo. Se, afinal, o indivíduo é quem deve ter os direitos protegidos, então uma teoria consistente da concorrência implicaria um poder de veto por parte de todos os indivíduos, isto é, uma espécie de "princípio da unanimidade". Quando Calhoun escreveu que deveria ser "impossível criar ou manter [o governo] ativo sem o consentimento de todos", talvez ele estivesse, sem perceber, sugerindo justamente esta conclusão[54]. Mas esta especulação começa a nos afastar de nosso assunto, visto que, por essa lógica, haveria sistemas políticos que nem poderiam ser chamados

---

[54] CALHOUN, John C. *A Disquisition on Government. Op. cit.*, p. 20-21.

de "Estados"[55]. Afinal, assim como o direito à anulação por parte de um estado logicamente implicaria o seu direito à secessão, o direito à anulação por parte do indivíduo implicaria o direito de todos os indivíduos a se "separarem" do Estado sob o qual vivem[56].

Assim, o Estado demonstra um incrível talento para a ampliação de seus poderes além dos limites impostos. Como o Estado necessariamente vive do confisco compulsório do capital privado, e como a expansão dele necessariamente envolve violações cada vez piores ao indivíduo e à iniciativa privada, devemos dizer que o Estado é profunda e inerentemente anticapitalista. De certa forma, nossa posição é o contrário do dito marxista segundo o qual o Estado é o "comitê executivo" da classe dominante atual, supostamente capitalista. Ao contrário, o Estado – a organização dos meios políticos – constitui e é a fonte da "classe dominante" (ou melhor, a casta dominante), e está permanentemente em

---

[55] Recentemente, o princípio da unanimidade experimentou um renascimento discreto, sobretudo nos textos do professor James M. Buchanan (1919-2013). Acrescentar a unanimidade ao presente, contudo, e aplicá-la somente a mudanças no *status quo*, e não às leis vigentes, só pode resultar na mutação de um conceito limitador a outro carimbo de legitimidade para o Estado. Se o princípio da unanimidade for aplicado somente a mudanças a leis e decretos, o caráter do "ponto de origem" faz toda a diferença. Ver: BUCHANAN, James M. & TULLOCK, Gordon. *The Calculus of Consent*. Ann Arbor: University of Michigan Press, 1962.

[56] Ver: SPENCER, Herbert. "The Right to Ignore the State". *In: Social Statics*. New York: D. Appleton, 1890. p. 229-39.

oposição ao capital realmente privado. Podemos, portanto, concordar com De Jouvenel:

> Só aqueles que não sabem nada de outro tempo que não o seu, que estão completamente no escuro quanto ao comportamento do Poder ao longo de milhares de anos, consideraria estas medidas [nacionalização, imposto de renda etc.] fruto de um conjunto específico de doutrinas. Na verdade, elas são manifestações normais do Poder, e não têm nada de diferente, em sua natureza, dos confiscos dos monastérios perpetrados por Henrique VIII (1491-1547). O mesmo princípio se aplica; a fome por autoridade, a sede por recursos; e, em todas essas operações, as mesmas características estão presentes, incluindo o aumento rápido das pessoas com as quais se dividir o espólio. Socialista ou não, o Poder deve sempre estar em guerra com as autoridades capitalistas, e deve sempre privar os capitalistas de sua riqueza acumulada; ao fazer isso, o Poder obedece à lei de sua natureza[57].

---

[57] JOUVENEL, Bertrand de. *On Power. Op. cit.*, p. 171.

## Capítulo 5
# O que o Estado teme

O que o Estado mais teme, claro, é qualquer ameaça a seu poder e existência. A morte de um Estado acontece de duas formas: a) por meio da conquista por outro Estado; ou b) por meio da derrubada revolucionária por seus próprios súditos – em resumo, por meio da guerra ou da revolução. Guerra e revolução, como as duas ameaças básicas, invariavelmente despertam nos governantes seus melhores esforços e propaganda ideológica entre o povo. Como já foi dito, qualquer caminho deve sempre ser utilizado a fim de mobilizar as pessoas a sair em defesa do Estado, na crença de que elas estão defendendo a si mesmas. A falácia da ideia fica evidente quando se impõe o recrutamento àqueles que se recusam a "se defender" e que, portanto, são obrigados a entrar para a banda militar do Estado; desnecessário dizer, a eles não é permitida nenhuma "defesa" contra esta atitude de "seu próprio" Estado.

Na guerra, o poder do Estado é levado ao limite e, sob *slogans* de "defesa" e "emergência", ele pode impor a tirania sobre o povo, uma tirania que talvez encontrasse resistência em tempos de paz. A guerra, pois, traz muitos benefícios ao Estado, e, na verdade, a guerra moderna deixou para os povos guerreiros um legado permanente de opressão estatal sobre a sociedade. Mais do que isso, a guerra propicia ao Estado oportunidades tentadoras de conquistar territórios sobre os quais impor seu monopólio da força. Randolph Bourne (1886-1918) tinha razão quando escreveu que "a guerra é a saúde do Estado", mas para qualquer Estado em particular a guerra pode significar saúde ou ferimento grave[58].

Podemos testar a hipótese de que o Estado está mais interessado em se proteger do que em proteger seus súditos perguntando: que tipos de crimes o Estado persegue e pune com mais intensidade – os crimes contra os cidadãos ou os crimes contra o Estado? Os piores crimes no

---

[58] Vimos que o apoio dos intelectuais é essencial para o Estado, e isso inclui o apoio contra as duas graves ameaças deles. Assim, sobre o papel dos intelectuais americanos na entrada dos Estados Unidos na Primeira Guerra Mundial, ver: BOURNE, Randolph. "The War and the Intellectuals". *In: The History of a Literary Radical and Other Papers*. New York: S. A. Russell, 1956. p. 205-22. Como diz Bourne, uma forma comum de os intelectuais conquistarem o apoio para as ações do Estado é canalizar todas as discussões para dentro dos limites da política estatal básica e desincentivar qualquer crítica fundamental ou total a esta circunscrição básica.

léxico estatal são quase sempre invasões não à pessoa ou à propriedade, e sim ameaças à tranquilidade do próprio Estado, como, por exemplo, traição, deserção de um soldado para as fileiras inimigas, desobediência ao recrutamento obrigatório, subversão e conspiração subversiva, assassinato de governantes e crimes econômicos contra o Estado, como falsificação de dinheiro e sonegação. Compare o grau de zelo dedicado à perseguição ao homem que ataca o policial à atenção que o Estado dá ao ataque a um cidadão comum. Ainda assim, curiosamente, a prioridade declarada do Estado à sua própria defesa contra o povo é considerada por poucos como algo inconsistente com sua suposta *raison d'être*[59].

---

[59] Como diz Mencken com seu estilo inimitável:

> Este bando ["os exploradores que compõem o governo"] é imune à punição. Suas piores distorções, mesmo quando são francamente a favor do lucro privado, não sofrem consequências de acordo com a lei. Desde os primórdios da República, menos de uma dúzia de seus membros sofreram *impeachment*, e uns poucos coitados chegaram a ser presos. A quantidade de pessoas presas em Atlanta e Leavenworth por se revoltarem contra as extorsões do governo é sempre dez vezes maior do que a quantidade de autoridades condenadas por oprimir os contribuintes para ganho próprio. (MENCKEN, H. L. *A Mencken Chrestomathy. Op. cit.*, p. 147-48).

Para uma descrição divertida e exuberante da falta de proteção do indivíduo contra violações de sua liberdade por parte de seus "protetores", ver: MENCKEN, H. L. "The Nature of Liberty". *In: Prejudices: A Selection.* New York: Vintage Books, 1958. p. 138-43.

## Capítulo 6
# Como os Estados se relacionam uns com os outros

Como o território terrestre está todo ele dividido em Estados, as relações entre os Estados demandam muito tempo e energia deles. A tendência natural de um Estado é ampliar seu poder e, externamente, tais expansões acontecem pela conquista de um território. A não ser que o território seja desabitado ou não esteja sob o domínio de nenhum Estado, toda e qualquer expansão envolve um conflito de interesses inerente entre um grupo de governantes estatais e outro. Só um grupo de governantes pode obter o monopólio da coerção sobre certa área em determinado tempo: o poder total sobre um território pelo Estado X só pode ser conseguido pela expulsão do Estado Y. A guerra, apesar de arriscada, será sempre uma tendência dos Estados, pontuada por períodos de paz e por alianças e coalizações instáveis entre os Estados.

Vimos que as tentativas "internas" ou "domésticas" de limitar o Estado, do século XVII ao século XIX, alcançaram sua forma mais evidente no constitucionalismo. Seu equivalente "externo" ou "de relações exteriores" foi o surgimento da "lei internacional", sobretudo na forma de "leis de guerra" e "direitos de neutralidade"[60]. Partes da lei internacional originalmente diziam respeito à iniciativa privada, surgidas das necessidades dos mercadores e comerciantes de proteger suas propriedades e resolver disputas em todos os lugares. Dois exemplos são a Lei do Almirantado e a Lei Mercantil. Mas até mesmo as regras governamentais nasceram voluntariamente, sem serem impostas por um Superestado internacional qualquer. O objetivo das "leis de guerra" era limitar a destruição entre Estados ao aparato estatal em si, protegendo, assim, os "civis" inocentes da matança e da devastação da guerra. O objetivo da criação dos direitos de neutralidade era preservar o comércio civil internacional, mesmo com países "inimigos", da tomada por parte de um dos envolvidos na guerra. O objetivo maior, pois, era limitar o alcance de qualquer guerra e, sobretudo, limitar seu impacto destrutivo sobre os cidadãos dos países neutros e até mesmo dos países envolvidos no conflito.

---

[60] Isso é diferente das leis internacionais modernas, que dão ênfase à ampliação ao máximo do alcance da guerra com conceitos como "segurança coletiva".

O jurista F. J. P. Veale (1897-1976) descreve encantadoramente a "guerra civilizada" que floresceu brevemente na Itália do século XV:

> [...] os mercadores e burgueses ricos da Itália medieval estavam ocupados demais ganhando dinheiro e aproveitando a vida para se envolver nas dificuldades e perigos da guerra. Assim, eles adotaram a prática de contratar mercenários para lutar por eles e, por serem inteligentes e empreendedores, eles demitiam os mercenários assim que não precisavam mais dos serviços. As guerras, portanto, eram travadas por exércitos contratados para cada campanha [...]. Pela primeira vez, a função de soldado se tornou uma profissão sensata e comparativamente segura. Os generais da época empreendiam manobras uns contra os outros, geralmente com muita habilidade, mas, assim que um deles demonstrava vantagem, o oponente costumava ou se retirar ou se render. Uma regra conhecida era a de que uma cidade só podia ser saqueada se oferecesse resistência: podia-se sempre comprar imunidade pagando-se um resgate [...]. Como consequência natural disso, nenhuma cidade resistia, porque era óbvio que um governo fraco demais para defender seus cidadãos tinha abdicado da lealdade deles. Os civis não temiam os perigos de uma guerra que dizia respeito apenas aos soldados profissionais[61].

---

[61] VEALE, F. J. P. *Advance to Barbarism*. Appleton: C. C. Nelson, 1953. p. 63. Da mesma forma, o professor Nef escreve sobre a guer-

A separação quase absoluta entre a vida civil e as guerras entre os Estados na Europa do século XVIII é enfatizada por John Ulric Nef (1899-1988)

> Nem mesmo as comunicações postais eram interrompidas por muito tempo durante a guerra. Cartas circulavam sem censura, com uma liberdade que impressiona a mente do século XX [...]. Os cidadãos das duas nações em guerra conversavam uns com os outros, se encontravam, e, se não podiam se encontrar, se correspondiam não como inimigos, mas como amigos. Mal existia a ideia contemporânea de que [...] cidadãos de países inimigos são parcialmente responsáveis pelos atos de beligerância de seus governantes. Os governantes em guerra tampouco estavam dispostos a impedir a comunicação com os cidadãos do país inimigo. As antigas práticas inquisidoras de espionagem, juntamente com a observância religiosa e a fé, estavam desaparecendo, e nenhuma inquisição comparável em relação à comunicação

---

ra de Don Carlos III (1716-1788) de Espanha, travada na Itália, entre França, Espanha e Sardenha, contra a Áustria, no século XVIII: [...] no cerco de Milão pelos aliados e semanas mais tarde em Parma [...], os exércitos rivais travaram uma batalha feroz fora da cidade. Em nenhum dos dois lugares os habitantes demonstravam simpatia por um ou outro lado. O único medo deles era o de que as tropas dos dois exércitos invadissem e saqueassem as cidades. O medo se provou sem motivo. Em Parma, os cidadãos corriam para as muralhas da cidade a fim de assistirem à batalha em campo aberto. NEF, John Ulric. *War and Human Progress.* Cambridge: Harvard University Press, 1950. p. 158.
Ver, também: NICKERSON, Hoffman. *Can We Limit War?* New York: Frederick A. Stoke, 1934.

política ou econômica era cogitada. Os passaportes foram originalmente criados para funcionar como um salvo-conduto em tempos de guerra. Durante boa parte do século XVIII, não passava pela cabeça dos europeus abandonar suas viagens a um país estrangeiro contra o qual seu país estava em guerra[62].

Como o comércio era reconhecido como algo benéfico aos dois lados, a guerra do século XVIII também era contrabalançada por uma quantidade considerável de "comércio com o inimigo"[63].

É preciso analisar aqui o quanto os Estados transcenderam as regras da guerra civilizada no século XX. Na era moderna da guerra total, combinada à tecnologia de destruição total, a própria ideia de manter a guerra limitada ao aparato estatal parece mais estranha e obsoleta do que a Constituição original dos Estados Unidos.

Quando Estados não estão em guerra, acordos são necessários para manter as hostilidades ao mínimo. Uma doutrina que curiosamente tem ganhado aceitação é a da suposta "santidade dos tratados". Este conceito é tido como o equivalente à "santidade do contrato". Mas um tratado e um contrato genuíno não têm nada em comum. Um contrato transfere, de forma precisa, títulos de propriedade privada. Como o governo,

---

[62] NEF, John Ulric. *War and Human Progress. Op. cit.*, p. 162.

[63] Idem. *Ibidem.*, p. 161. Sobre a defesa do comércio entre inimigos por líderes da Revolução Americana, ver: DORFMAN, Joseph. *The Economic Mind in American Civilization.* New York: Viking Press, 1946. V. 1, p. 210-11.

num sentido mais estrito, não "possui" seu território, quaisquer acordos que ele estabeleça não se configuram como títulos de propriedade. Se, por exemplo, o sr. Jones vende ou doa sua terra ao sr. Smith, o herdeiro do sr. Jones não pode atacar o herdeiro do sr. Smith e dizer que a terra é sua por direito. O título de propriedade já foi transferido. O contrato do velho Jones automaticamente diz respeito ao jovem Jones, porque o primeiro já transferiu sua propriedade; o jovem Jones, portanto, não tem como reclamar para si a propriedade. O jovem Jones só pode reclamar para si aquilo que herdou do velho Jones, e o velho Jones só pode legar a propriedade que realmente detém. Mas se, em determinado momento o governo da, digamos, Ruritânia é coagido ou até mesmo subornado pelo governo da Waldávia a entregar parte de seu território, é um absurdo dizer que os governos ou habitantes dos dois países estão para sempre impedidos de pedir a reunificação da Ruritânia com base na santidade de um tratado. Nem o povo nem a terra do noroeste da Ruritânia é de propriedade de qualquer um dos dois governos. Como consequência, um governo não pode subjugar, pela letra morta do passado, um governo posterior por conta de um tratado. Um governo revolucionário que derrubasse o rei da Ruritânia tampouco poderia ser considerado o responsável pelas ações ou dívidas do rei, visto que um governo não é, como uma criança, o "herdeiro" real da propriedade de seu antecessor.

Capítulo 7
# A história como uma disputa entre o poder do Estado e o poder da sociedade

Assim como as duas inter-relações básicas e mutuamente excludentes entre homens são a cooperação pacífica e a exploração coerciva, produção e predação, a história da Humanidade, sobretudo sua história econômica, pode ser vista como uma disputa entre estes dois princípios. De um lado, há a produtividade criativa, as trocas pacíficas e a cooperação; do outro, estão a autoridade coerciva e o comportamento predatório sobre as relações sociais. Albert Jay Nock (1870-1945) felizmente batizou estas forças concorrentes: "poder social" e "poder estatal"[64]. O poder social é o poder do homem sobre a natureza, a transformação cooperativa

---

[64] Sobre os conceitos de poder estatal e poder social, ver: NOCK, Albert Jay. *Our Enemy the State*. Caldwell: Caxton Printers, 1946. Ver, também: NOCK, Albert Jay. *Memoirs of a Superfluous Man*.

dos recursos naturais, e a descoberta das leis da natureza em benefício de todos os indivíduos. O poder social é o poder sobre a natureza, o padrão de vida alcançado pelo homem em trocas mútuas. O poder estatal, como vimos, é a tomada parasitária e coerciva da produção – a usurpação dos frutos da sociedade em benefício de governantes não produtivos (na verdade contraprodutivos). Enquanto o poder social é o poder sobre a natureza, o poder estatal é o poder sobre o homem. Ao longo da história, as forças criativas e produtivas do homem, seguidas vezes, encontraram novas formas de transformar a natureza para o benefício da Humanidade. Foram tempos em que o poder social se sobrepôs ao poder estatal, ou tempos em que o grau de opressão estatal sobre a sociedade era consideravelmente menor. Mas o Estado sempre, depois de uma lacuna maior ou menor de tempo, se expandiu para novas áreas, a fim de prejudicar e confiscar o poder social mais uma vez[65]. Se os séculos XVII a XIX foram, em muitos países ocidentais, época de aumento do poder social e de consequente aumento na liberdade, paz e bem-estar material,

---

New York: Harpers, 1943; CHODOROV, Frank. *The Rise and Fall of Society*. New York: Devin-Adair, 1959.

[65] Em meio ao fluxo de expansão e contração, o Estado sempre garante ter tomado e mantido certos "postos de comando" essenciais da economia e da sociedade. Entre estes postos de comando estão o monopólio da violência, o monopólio do poder judicial, os canais de comunicação e de transporte (correios, estradas, rios, rotas aéreas), a irrigação nos despotismos orientais, e a educação – para moldar a opinião dos futuros cidadãos. Na economia moderna, o dinheiro é o posto de comando fundamental.

## A história como uma disputa entre o poder do Estado e o poder da sociedade

o século XX foi o tempo em que o poder estatal se recuperou – com a consequente volta à escravidão, guerra e destruição[66].

No século XX, a humanidade enfrenta, mais uma vez, o virulento reino do Estado – do Estado agora munido dos frutos do poder criativo do homem, confiscado e pervertido para cumprir os objetivos do Estado. Nos últimos séculos, o homem tentou estabelecer limites constitucionais ao Estado, só para descobrir que tais limites, assim como as demais tentativas, fracassaram. De todas as formas que os governos assumiram ao longo dos séculos, de todos os conceitos e instituições experimentados, nenhum conseguiu controlar o Estado. O problema do Estado, evidentemente, nunca esteve tão distante de uma solução. Talvez novas investigações sejam necessárias, se é que uma solução final e bemsucedida para o problema do Estado haverá de surgir[67].

---

[66] Esse processo parasitário de "recuperação" foi quase abertamente anunciado por Karl Marx (1818-1883), que confessou que o socialismo deveria ser estabelecido por meio da tomada do capital *anteriormente acumulado* com o capitalismo.

[67] Um ingrediente indispensável da solução deve ser o fim da aliança entre intelectuais e Estado, por meio da criação de centros de educação e pesquisas intelectuais independentes do poder estatal. Christopher Dawson (1889-1970) nota que os grandes movimentos intelectuais do Renascimento e Iluminismo sugiram do trabalho feito de fora, e às vezes contra, das universidades. Esta academia de novas ideias surgiu graças a patronos independentes. Ver: DAWSON, Christopher. *The Crisis of Western Education*. New York: Sheed and Ward, 1961.

# Índice remissivo e onomástico

**A**
Anticapitalismo, 57
*American Historical Review*, 35

**B**
Barnes, Harry Elmer (1889-1968), 36
Beale, Howard K. (1899-1959), 35
Black, Charles (1915-2001), 46-47, 49-52
Boétie, Étienne de la (1530-1563), 32
Bourne, Randolph (1886-1918), 60
Buchanan, James M. (1919-2013), 57
Burnham, James (1905-1987), 50

**C**
Calhoun, John C. (1782-1850), 52-56
Casa de Hohenzollern, 34
Chodorov, Frank (1887-1966), 7, 70
Comércio, 42, 64, 67
Constituição Americana, 46, 48, 53-54, 67

**D**
Dawson, Christopher (1889-1970), 71
Declaração de Direitos, 46
*Disquisition on Government, A* [*Uma Disputa sobre o Governo*], de John C. Calhoun, 52

**E**
Equações Keynesianas, 42
*Era Moderna*, 67

**F**
Forças produtivas materiais, 40

## G

Governo
anticapitalista, 57
coerção, 28, 31, 41, 63, 69-70
falácia, 22, 59
método de controle
aparentemente inevitável, 39-40
aparentemente legítimo, 41
conspiração, 61
desvalorização do pensamento individual e crítico, 40, 54
educação, 70-71
"historiadores oficiais", 35, 40
ideologia, 33
Igreja, 36
medo de sistemas alternativos, 28, 37, 40
resignação passiva, 39
recrutamento, 59, 61
Governo federal, 49, 54-56

## H

Hayek, F. A. [Friedrich August von] (1899-1992), 34
Henrique VIII (1491-1547), 58
Hume, David (1711-1776), 32

## I

Identificação territorial, 21, 37, 47
Interesses econômicos ocultos, 32
autopreservação, 37
mito, 22, 55
oposição permanente ao capital realmente privado, 58
paradigma clássico, 28
predatório, 27-28, 69
transcender limites, 45, 67
transformar conceitos, 45, 51

## J

Jouvenel, Bertrand de (1903-1987), 29, 34, 38, 45-46, 58

## L

Lei do Almirantado, 64
Lei internacional
destruição limitada entre Estados, 64
guerra civilizada *versus* guerra total, 35, 67
preservação de cidadãos de países neutros ou em guerra, 59-60, 64
Lei federal, 55
Lei Mercantil, 64
*Liberation*, 35
Locke, John (1632-1704), 26, 32, 46

## M

Mencken, H. L. [Henry Louis] (1880-1956), 39, 42, 61
Mises, Ludwig von (1881-1973), 7, 9-10, 13, 31-32
Mueller, Antony, 16

## N

Nazistas, 22
Needham, Joseph (1900-1995), 35
Nef, John Ulric (1899-1988), 65-67

New Deal, 51-52
*New Individualist Review*, 24
*New York Times Sunday Review of Books*, 35
Nock, Albert Jay (1870-1945), 7, 28, 69

**O**
Oppenheimer, Franz (1864-1943), 7, 26-28
*Owl, The*, 34

**P**
*Pacific Historical Review*, 36
Planejamento ultracientífico por especialistas, 41
Poder
disputa entre homem e natureza, 32, 69-70
em guerra com autoridades capitalistas, 58
Poder Judiciário, 46, 49
Primeira Guerra Mundial, 60
Propriedade, 26, 28, 61, 64, 67-68

**R**
Read, Conyers (1881-1959), 35
"Recompensas" intelectuais, 34
Riqueza
meios econômicos, 26-27
meios políticos, 26-27
Rothbard, Murray N. (1926-1995), 7-8, 10-15, 17, 31, 53
Roubo como economia, 26-27

**S**
Sagradas Escrituras, 49
Santidade dos tratados, 67
Segurança coletiva como forma de ampliar a guerra ao máximo, 64
Spooner, Lysander (1808-1887), 13
Smith, J. Allen (1860-1926), 54
Suposição de culpa, 40
Suprema Corte
alterou o poder constitucional do Congresso sobre a economia nacional, 52
monopólio do poder de interpretação final, 52-54
parte do governo, 49
"uma espécie de milagre", 50
viola princípios jurídicos básicos, 21, 49

Tucker, Benjamin (1854-1939), 13

**V**
Veale, F. J. P. [Frederick John Partington] (1897-1976), 65

**W**
Wittfogel, Karl A. (1896-1988), 34-36

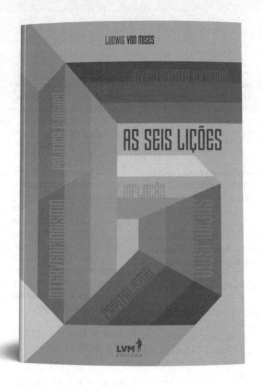

*As Seis Lições* reúne as palestras ministradas, em 1959, por Ludwig von Mises na Universidade de Buenos Aires (UBA). O autor discute com clareza o capitalismo, o socialismo, o intervencionismo, a inflação, o investimento estrangeiro e as relações entre política e ideias. Em linguagem agradável, a obra apresenta as linhas gerais do pensamento misesiano sendo, ao mesmo tempo, uma das melhores introduções à Política e à Economia. Além do prefácio original de Margit von Mises, viúva do autor, a presente edição conta com uma apresentação bibliográfica do economista austríaco escrita por Helio Beltrão e Alex Catharino.

*Uma Breve História do Homem* de Hans-Hermann Hoppe narra as origens e os desenvolvimentos da propriedade privada e da família, desde o início da Revolução Agrícola, há aproximadamente onze mil anos, até o final do século XIX, discute como a Revolução Industrial libertou a humanidade ao possibilitar que o crescimento populacional não ameaçasse mais os meios de subsistência disponíveis, e, por fim desvenda a gênese e a evolução do Estado moderno como uma instituição com o poder monopolístico de legislar e de cobrar impostos em determinado território, relatando a transformação do Estado monárquico, com os reis "absolutos", no atual Estado democrático, com o povo "absoluto".

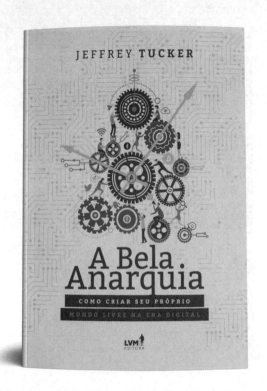

*A Bela Anarquia* é o hino rapsódico de Jeffrey Tucker sobre o maravilhoso período de inovações em que vivemos, além de um chamado para usarmos as ferramentas tecnológicas como instrumento para ampliar a liberdade humana e acabar com a dependência das pessoas em relação aos poderes coercitivos estatais. A obra cobre os usos das mídias sociais, a obsolescência do Estado-nação, o modo como o governo está destruindo o mundo físico, o papel do comércio na salvação da humanidade, as depredações da política monetária governamentais e o mal da guerra, bem como a mentira da segurança nacional e o papel das sociedades privadas como agentes de libertação. É um livro atual, conciso e anedótico.

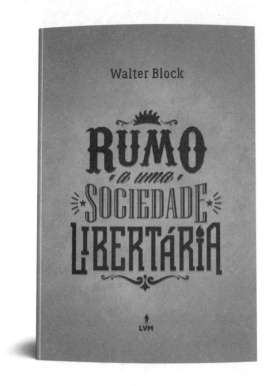

*Rumo a uma Sociedade Libertária* apresenta em capítulos curtos e incisivos as questões polêmicas mais discutidas em nosso tempo sob o prisma dos fundamentos básicos do libertarianismo. No característico estilo claro e agradável que marcam todos os seus escritos, Walter Block discute política externa, economia e liberdades pessoais nesta coletânea de ensaios. Ao forçar o leitor a sair do lugar comum das análises políticas, econômicas e sociais, a lógica impecável do autor revela que os princípios econômicos da Escola Austríaca e o pensamento individualista libertário são os melhores veículos para compreender os problemas mundiais e conduzir em direção às soluções destes.

Acompanhe a LVM Editora nas redes sociais

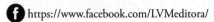 https://www.facebook.com/LVMeditora/

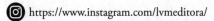 https://www.instagram.com/lvmeditora/

Esta obra foi composta pela BR75
na família tipográfica Sabon e impressa
pela Rettec Gráfica e Editora para a LVM em novembro de 2014